Bemerkungen

zu dem Entwurfe eines Gesetzes über

die Verwaltungsrechtspflege.

Von

Dr. iur. Georg Häpe,

Oberregierungsrat, Docenten an der Universität Leipzig.

Leipzig,

Verlag von Veit & Comp.

1898.

Verlag von Veit & Comp. in Leipzig.

Die Zwangsenteignung

nach

dem im Königreich Sachsen geltenden Recht.

Von

Dr. iur. Georg Häpe,

K. S. Oberregierungsrat.

gr. 8. 1891. geheftet. 3 ℳ 50 Pf.

Bemerkungen

zu dem Entwurfe eines Gesetzes über

die Verwaltungsrechtspflege.

Von

Dr. iur. Georg Häpe,
Oberregierungsrat, Docenten an der Universität Leipzig.

Leipzig,
Verlag von Veit & Comp.
1898.

Druck von Metzger & Wittig in Leipzig.

Vorwort.

Die nachstehende Besprechung des Entwurfes eines Gesetzes über die Verwaltungsrechtspflege ist aus einem Vortrage entstanden, welchen ich im Dezember vorigen Jahres auf an mich ergangenes Ersuchen dem Kollegium der Königl. Kreishauptmannschaft Leipzig über jenen Gegenstand gehalten habe. Dem weiter geäußerten Wunsche nach Niederschrift des Vortrages habe ich in der ersten Hälfte des vorigen Monats entsprochen; dabei sind einige Punkte, welche ich beim mündlichen Vortrage nur flüchtig berühren konnte, etwas ausführlicher behandelt, dagegen die rein referierenden Teile jenes Vortrages weggelassen worden. Die Niederschrift war ursprünglich nicht für den Druck bestimmt. Nachdem jedoch in letzterer Zeit sich die Tagespresse mit dem Gesetzentwurfe beschäftigt hat, trage ich kein Bedenken, den mehrfach an mich ergangenen, auf die Veröffentlichung der nachstehenden Bemerkungen gerichteten Aufforderungen zu entsprechen; es geschieht mit dem Wunsche und in der Hoffnung, daß dadurch der wichtigen Sache ein kleiner Dienst geleistet werde.

Leipzig, den 28. März 1898.

Dr. **Häpe.**

Der mittels des königl. Dekretes Nr. 19 der Ständeversammlung 1897/98 vorgelegte Entwurf eines Gesetzes über die Verwaltungsrechtspflege verdankt seine Entstehung, wie auch in der Entwurfsbegründung ausgeführt ist, verschiedenen von den Kammern der Ständeversammlung ausgegangenen Anregungen. Durch die erste derselben, im Jahre 1876, wurde der Regierung zur Erwägung anheimgegeben, ob und inwieweit das in §§ 21 und 22 der Gewerbeordnung in Verbindung mit § 13 der Ausführungsverordnung vom 19. September 1869 angeordnete öffentliche und mündliche Verfahren auch auf andere dazu geeignete Verwaltungssachen zu erstrecken sei. Im Jahre 1892 gab eine Petition, daß künftig mit der höchsten Instanz in Steuersachen eine selbständige Behörde betraut werde, zwei Abgeordneten der 2. Kammer Veranlassung, die Einführung eines Verwaltungsgerichtsverfahrens und die Errichtung eines selbständigen Verwaltungsgerichtshofes anzuregen und im Jahre 1894 beschäftigte sich die 2. Kammer mit einem Antrage, die königl. Staatsregierung zu ersuchen, dem nächsten Landtage einen Gesetzentwurf über die Einführung der Verwaltungsgerichtsbarkeit vorzulegen. Dieser Antrag wurde mit Rücksicht auf die ihm entgegenkommende Erklärung der Regierung zurückgezogen. Einem in der 1. Kammer gestellten Antrage verdankt die durch Art. 1 des Gesetzes vom 10. März 1894 bewirkte Änderung von § 66 des Einkommensteuergesetzes und damit die Einführung einer obersten Verwaltungsgerichtsbehörde für Einkommensteuersachen in die sächsische Behördenorganisation ihre Entstehung.

Diese Anregungen, namentlich soweit sie sich auf die Einführung eines obersten Verwaltungsgerichtes beziehen, sind, wie die Landtagsverhandlungen genügend erweisen, weder von theoretischen Liebhabereien oder Prinzipienreitereien, noch von einer Unzufriedenheit mit der Organisation oder der Amtsführung der Verwaltungsbehörden überhaupt, noch von dem Triebe, anderwärts bestehende Einrichtungen, lediglich deshalb, weil sie anderwärts bestehen, auch haben zu wollen, diktiert worden, sondern sie sind offenbar einem jetzt thatsächlich vorhandenen, immer stärker fühlbar werdenden Bedürfnisse entsprungen. Dem Grunde und der allmählichen Entwickelung dieses Bedürfnisses nachzugehen, seine Art und seinen Umfang festzustellen, soll zunächst im folgenden versucht werden oder mit anderen Worten und unter Anwendung eines vielgebrauchten Bildes: es muß zunächst nachgesehen werden, wo und weshalb den Sachsen der Schuh drückt, dazu gehört aber vor allen Dingen die Besichtigung seines Fußes und seines Schuhes, der, nach Befinden, dann vorsichtig, damit er nicht an einer anderen Stelle noch mehr drückt, zu ändern sein wird; dagegen erscheint die Besichtigung und Empfehlung preußischer, bayerischer, hessischer und anderer Fußbekleidungen, namentlich wenn sie ohne gleichzeitige Vorzeigung und Untersuchung der dazu gehörigen Füße erfolgt, von fraglichem Werte und, soviel die Empfehlung anlangt, nicht ungefährlich. Je objektiver bei jener Untersuchung verfahren wird, umsomehr wird ihr Ergebnis geeignet sein, eine über das bloße Meinen und die Neigung zum Probieren hinausgehende Überzeugung zu gewinnen über das, was notwendig und durchführbar und das, was, wenn nicht unmöglich, so doch unnötig und schädlich ist.

Behördenentwickelung.

Drei Stücke waren der ältesten sächsischen Behördenverfassung — ebenso wie der römischen Verfassung Diokletians — eigentümlich: die Trennung der Civil- und Militärgewalt, die völlige Verbindung von Justiz und Verwaltung (Polizei) und die Behandlung und Bezeichnung der gesamten Verwaltung als unmittelbare Thätigkeit des Herrschers, so daß die Behörden nicht als Behörden, sondern als Herrscher verfügten: „Wir — — Churfürst" — — Datum — Unterschrift des Vorstandes der ausfertigenden Behörde.

An diesen Stücken wurde, trotz der mannigfachen Änderungen, welche die Behördenorganisation seit den Zeiten des mit der Leitung von Justiz und Verwaltung betrauten Hofrates, an dessen Spitze der Kanzler stand, und seit der 1486 erfolgten Errichtung des ersten ständigen Kollegiums für „alle mittelbaren und unmittelbaren Kur- und Erblande", nämlich der „Landesregierung" durchgemacht hat und auf welche hier nicht näher eingegangen werden kann, etwas wesentliches erst geändert durch § 41 der Verfassungsurkunde vom 4. September 1831, in dem dort durch Einführung der jetzt noch bestehenden sechs Ministerialdepartements der Grund zu einem auf dem Realprinzipe beruhenden völligen Neuaufbau der sächsischen Behörden gelegt wurde, dessen wichtigste Abschnitte die Gesetzgebungen der Jahre 1835, 1855 und 1873 darstellen.

Die mit ABCD bezeichneten Gesetze vom 28. und 30. Januar 1835 (dazu Verordnung vom 6. April 1835) brachten zunächst die Trennung von Justiz und Verwaltung in der Ober- und Mittelinstanz (4 Appellationsgerichte, ein Oberappellationsgericht, — 4 Kreisdirektionen, als kollegiale

Mittelinstanzen für die Verwaltung des Innern), die Beseitigung der privilegierten Gerichtsstände — abgesehen von wenigen Ausnahmen — und die Regelung des Verfahrens für diejenigen streitigen Angelegenheiten, welche nicht den Justizbehörden überwiesen, sondern bei den Verwaltungsbehörden verblieben waren.

Das Gesetz vom 11. August 1855 beseitigte die Patrimonialgerichte und übertrug die Verwaltung, soweit sie nicht den Stadträten zustand oder — wie die Ortspolizei — den Gutsherren überlassen blieb, an die Gerichtsämter.

Die Gesetzgebung des Jahres 1873 endlich führte die Trennung von Justiz und Verwaltung auch in der Unterinstanz durch, übertrug die Wahrnehmung eines großen Teiles der Verwaltungsgeschäfte den hieran zunächst Beteiligten durch Erweiterung der Zuständigkeit der Gemeinden und durch Schaffung neuer öffentlich-rechtlicher Genossenschaften, der Bezirksverbände, führte bei den staatlichen Unter- und Mittelbehörden für die innere Verwaltung (Amtshauptmannschaften, Kreishauptmannschaften) eine Beteiligung des Laienelementes (Bezirksausschuß, Kreisausschuß) ein und schuf eine selbständige kirchliche Behörde für die Angelegenheiten der evangelisch-lutherischen Landeskirche, das Evangelisch-lutherische Landeskonsistorium.

Entstehung des Verwaltungsrechtes.

Hand in Hand mit diesen Veränderungen, sie bedingend und von ihnen bedingt werdend, ging eine Umgestaltung der politischen, wirtschaftlichen und rechtlichen Verhältnisse.

Der Begriff der Staatsangehörigkeit ist durchaus modern: ursprünglich stand nicht der „Staat“ seinen „Angehörigen“, sondern der „Landesherr“ seinen „Unterthanen“ gegenüber, welcher außer den Rechten, die er mit diesen teilte, noch eine bald größere, bald geringere Anzahl besonderer Rechte hatte; allein er hatte diese Rechte, welche Hoheitsrechte genannt wurden, nicht auf Grund seiner Machtstellung an sich, sondern auf Grund besonderer, der Beurteilung der Reichsgerichtsbarkeit unterliegender Titel, über deren Vorhandensein und Umfang gestritten werden konnte, wobei ihm der Beweis oblag. Soweit diese Rechte vermögenswertig waren (Regalien), konnte ihre Ausübung vom Landesherrn einzelnen Unterthanen ganz oder teilweise, entgeltlich oder unentgeltlich, vererblich und veräußerlich überlassen werden (Verleihungen, Begnadigungen, Gerechtigkeiten); die so Beliehenen und ihre Rechtsnachfolger waren und sind noch in der Ausübung dieser Rechte mit allen possessorischen und petitorischen Rechtsmitteln geschützt, auch dem Landesherrn und dem Staate gegenüber. Die noch nicht zu seltenen „Gerechtigkeiten“ sind Ruinen aus dieser alten romantischen Zeit. Jene Hoheitsrechte, welche übrigens nicht „mißbraucht“ werden durften, fanden ihre Grenzen in den ihnen gegenüberstehenden, auf besondere Titel gestützten Rechten der Unterthanen (iura quaesita), wobei in Kollisionsfällen das „dominium eminens“, welches später durch das „imperium“ abgelöst wurde, zu Gunsten des Landesherrn herhalten mußte. Die Naturrechtslehrer, welche sich bekanntlich viel mit dem „Staatszweck“ abgaben und schließlich als solchen, neben den Veranstaltungen für den Rechtsschutz, die Sorge für die Erhaltung und Förderung der gemeinen Wohlfahrt hinstellten, begünstigten nicht nur im Interesse jener allgemeinen Wohlfahrt die Entstehung immer neuer, dem Landesherrn zufallender Hoheitsrechte, sondern kamen auch darauf zu, die Ausübung dieser Rechte im Interesse jener Wohlfahrt als Pflicht hinzustellen, und zu diesen Hoheitsrechten gehörte namentlich das ius politiae, als dessen Inhalt die Naturrechtslehrer, unbeschadet mancher Meinungsverschiedenheiten im einzelnen, die Befugnis und Pflicht des Landesherrn erkannten, die zur Erhaltung guter Ordnung und zur Förderung der gemeinen Wohlfahrt nötige Gewalt über die Unterthanen auszuüben. Diese Lehre und die von ihr vollständig durchdrungene und beherrschte Praxis gab dem Vaterlande das, was wir heute mit einem vielleicht nicht ganz begründeten Schauer als Polizeistaat zu bezeichnen pflegen. Der Landesfürst alleiniger Träger des Staatszweckes, mit jeder zu dessen Verwirklichung erforderlichen Macht, wie zur Zeit der römischen Könige: „omnia manu a regibus gubernabantur“; die Beamten sind lediglich seine von seinem (unter Umständen durch ihre Vorgesetzten vermittelten, darum bisweilen nur präsumtiven) Willen abhängigen Organe, daher auch die oben erwähnte Bezeichnung aller Verwaltungsthätigkeit als unmittelbarer Thätigkeit des Herrschers. Er konnte eingreifen wann er wollte und wo er wollte, nur die Eingriffe in Civil- und Strafsachen hatten mit dem „Staatszwecke“ nichts zu thun, und deshalb verblieb es dabei, daß die Justiz ihren „freien, ungesperrten, stracken Lauf haben und was dem zuwider erlanget und ausgehen würde, kraftlos, tot und ab sein solle.“ Alles übrige war der freien Entschließung des Herrschers oder der von ihm mit der Ausübung solcher Entschließungen betrauten Beamten unterstellt, daher Beschwerde über den Unterbeamten an den ihm vorgesetzten Beamten und so fort bis an den Herrscher; das, woran jeweilig „Wille und Meinung“ des Oberen „geschah“, war gültig, keine Spur von dem, was wir heute Verwaltungsrecht nennen.

Diese Zeit war die Blütezeit der Kameralwissenschaften, jener eigenartigen Mischung von Staatsrecht, Politik und demjenigen, was man seit 1805 Nationalökonomie zu nennen pflegt, einer Mischung, deren praktischen Niederschlag man als Polizeiwissenschaft bezeichnete. Die Reihe der Bearbeiter dieser Wissenschaft reicht noch bis in unser Jahrhundert hinein und ist abgeschlossen worden, gerade von demjenigen, der hoffte, ihr neue Bahnen gewiesen zu haben: Rob. v. Mohl.

Aus dieser Zeit, aus welcher noch große Stücke in die Gegenwart hereinragen, stammt, wie hier schon beiläufig bemerkt sein mag, die freilich jetzt beschränkte Befugnis der übergeordneten Behörden, in die Entschließungen und Entscheidungen der Unterbehörden jederzeit einzugreifen, und die heute noch gültige Bestimmung in § 36 der Verfassungsurkunde bezeugt, mit welch bewundernswerter Klarheit die Verfasser der Urkunde diese Rechts- und Sachlage erkannt und zu würdigen gewußt haben. Mit der Nichtigkeitsbeschwerde des alten sächsischen Prozesses (S. 45 der Entwurfsbegründung) hat die in Rede stehende Eingriffsbefugnis der oberen Behörden und die auf die Herbeiführung eines solchen Eingriffs bezügliche Bestimmung in § 36 der Verfassungsurkunde schlechterdings nichts zu thun.

Die Allgewalt des Herrschers, der nur in Bezug auf die Ausübung der Civil- und Strafrechtspflege eine Grenze gesetzt war, wurde eingeschränkt mit der Errichtung des Verfassungsstaates. Mehr und mehr wurden, zuerst landesgesetzlich, später auch reichsgesetzlich, weite Gebiete, auf denen bisher ein meist aufgeklärter und meist auch wohlwollender Absolutismus geherrscht hatte, der Bethätigung freien Ermessens der Behörden und (durch die Bestimmungen über die Ministerverantwortlichkeit und die Kontrasignatur der Königlichen unmittelbaren Verfügungen — Verfassungsurkunde § 43, § 141 flg.) auch der freien Entschließung des Staatsoberhauptes entzogen. Der Unterschied zwischen Gesetz und Verordnung, der früher kaum empfunden wurde, gewinnt nunmehr eine ganz hervorragende praktische Bedeutung, welcher auch äußerlich dadurch Rechnung getragen wird, daß die Gesetze, welche früher die verschiedenartigsten Bezeichnungen und Formen aufzeigten, von der Verfassungsurkunde an alle einerlei Form und stets die Bezeichnung „Gesetz“ haben; nur bei größeren organisatorischen Gesetzen findet sich daneben noch die Bezeichnung „Ordnung“. Es ist nicht mehr wie früher in Ansehung behördlicher Erlasse nur die Frage aufzuwerfen, ob die Maßnahme praktisch, nützlich, ob sie der Oberbehörde und weiter dem Landesherrn genehm sei, sondern vor allem auch die Frage, ob sie gesetzmäßig, rechtlich geboten oder zulässig sei, also eine Rechtsfrage. Diese Rechtsfragen, welche selbstverständlich eine Erledigung — nicht nach kameralistischen Grundsätzen, sondern — nach Rechtsgrundsätzen, unter Anwendung zwar nicht civilistischer, aber doch juristischer Technik erfordern, häuften sich in dem Maße, in welchem die Gesetzgebung zuerst langsam, schließlich aber mit einer oft beängstigenden Schnelligkeit ein Gebiet nach dem anderen ihrer Regelung unterstellte. Und so sehen wir jetzt auf dem noch vor 60 Jahren von der Polizeiwissenschaft allein beherrschten Gebiete einen Rechtsstoff angehäuft, der an Bedeutung und Umfang und in Bezug auf die Anforderungen, die er an eine fachmännische Durchdringung stellt, dem Civilrechte jedenfalls nicht nachsteht. Soweit aber diese Gesetzgebung dem behördlichen Verfügungsrecht freien Spielraum läßt, und vor allen Dingen außerhalb der von ihr berührten Gebietsteile, herrscht der frühere Rechtszustand noch fort: an der Spitze der Verwaltung steht der König, er oder die von ihm damit betraute Behörde „erläßt die aus dem Aufsichts- und Verwaltungsrecht fließenden Verfügungen und Verordnungen" (§ 87 der Verfassungsurkunde).

Rechtliche Doppelstellung der Verwaltungsbehörden.

Die Entscheidung jener Rechtsfragen aber mußte bestimmten Organen übertragen werden und man betraute damit grundsätzlich die Verwaltungsbehörden, für die das Gesetz, welches sonst nur hin und wieder als Schranke auftrat, nun zur Norm wurde.[1] Dadurch wurden aber diese Behörden insgesamt in eine rechtliche Doppelstellung gebracht: ihre Thätigkeit diente und dient heute noch zunächst der Ausübung der dem Staate seinen Angehörigen, Gliedern, gegenüber zustehenden Rechte und äußert sich hier in der Form von Anordnungen (Ge- oder Verboten), Erlaubniserteilungen und -Verweigerungen, rechtsbegründenden und rechtsaufhebenden Verwaltungsakten, teils dient die Thätigkeit der nämlichen Behörden dem Schutze der zwischen der Gesamtheit und ihren Gliedern, als solchen, bestehenden Rechtsbeziehungen. Da nun weiter in ersterer Beziehung die unteren Verwaltungsorgane den oberen zu gehorchen haben, so erwächst den Verwaltungsbehörden aus jener Doppelstellung häufig eine Kollision der Pflichten: einerseits sind sie verbunden, den ihnen von oben zugehenden Weisungen zu gehorchen, andererseits haben sie über die Rechtmäßigkeit des infolge jener Weisungen Verfügten im Instanzenzuge zu entscheiden.

Beispielsweise: das Ministerium befiehlt der Kreishauptmannschaft, bestimmte von ihm aufgestellte Grundsätze den Unterbehörden zur Nachachtung mitzuteilen oder einzuschärfen. Das hat zu geschehen und geschieht; gegen eine auf diesen Grundsätzen beruhende Verfügung der Unterbehörde wird rechtzeitig Rekurs eingewendet und die Kreishauptmannschaft gelangt in kollegialer Zusammensetzung nach eingehender, gewissenhafter Prüfung der Sache dazu, die rechtliche Zulässigkeit (zwar nicht der Aufstellung, aber) der Bethätigung des

---

[1] Es ist bezeichnend, daß ein so tüchtiger Prozessualist wie Osterloh noch im Jahre 1856 schreiben konnte, man unterscheide zwischen Justizsachen, in denen die Justizgewalt nach dem Prinzipe der Rechtmäßigkeit, und Verwaltungssachen, in denen die Regierungsgewalt nach dem Prinzipe der Zweckmäßigkeit oder Notwendigkeit thätig sei.

einen oder anderen jener Grundsätze zu verneinen; hier wird, wenn auch nicht formell, so doch materiell die Oberbehörde durch die Unterbehörde reformiert, zumal die Entscheidung nach § 32 des Organisationsgesetzes endgültig sein soll. Allerdings hat man sich in neuerer Zeit, wie auf S. 45 der Entwurfsbegründung, unter Mitteilung des Herganges erklärt wird, an jene Gesetzesbestimmung wenig mehr gebunden; die Entwurfsbegründung bezeichnet selbst aber diesen Zustand als „auf die Dauer kaum haltbar". Noch heikler aber als für die Behörden gestaltet sich die Sache für den den Rechtsschutz Begehrenden, welcher jetzt vielfach die wirklich endgültige Entscheidung gerade von der Stelle, vielleicht genau von derselben Person bekommt, gegen deren Rechtsanschauung und demgemäße Anordnung das Rechtsmittel materiell gerichtet ist. Daß diese Stelle nur äußerst schwer und äußerst selten dazu gelangen wird, die von ihr gegebene Anordnung oder das, was in genauer Befolgung derselben geschehen ist, als ungesetzlich, rechtswidrig zu erkennen und zu bezeichnen, bedarf keiner ausführlichen Darlegung: auch die Mitglieder der Mittel- und Oberbehörden sind eben Menschen und damit müssen alle, nicht zum wenigsten die Gesetzgeber rechnen. Die Mitwirkung des Laienelementes bei den Amts- und Kreishauptmannschaften und die kollegiale Zusammensetzung der letzteren bei zweitinstanzlichen Entscheidungen ist schon an sich ein etwas problematisches Schutzmittel, welches aber ganz versagt, wenn die Oberbehörde die Entscheidung beliebig abändern kann.

Der wunde Punkt.

Hier liegt der wunde Punkt: er liegt nicht in der Organisation der Mittel- und Unterbehörden und nicht im Verfahren vor diesen Behörden (wie später noch gezeigt werden soll), sondern darin, daß es an einer Stelle fehlt, welche ohne an der verwaltenden, regierenden Thätigkeit der Staatsgewalt beteiligt zu sein, lediglich — also unter grundsätzlichem Ausschlusse der Notwendigkeits- und Zweckmäßigkeitsfrage — darüber entscheidet, ob das, was in Ausübung dieser Thätigkeit geschieht, der gültigen Rechtsordnung entspricht oder nicht. Hier ist einzusetzen; es muß eine Stelle geschaffen werden, welche gar nichts zu regieren oder zu verwalten hat, wohl aber, umgeben von allen erdenklichen Schutzmitteln der Unabhängigkeit, auf Anrufen über die Gesetzmäßigkeit aller verwaltungsbehördlichen Maßnahmen und Entschließungen, also auch der von den Ministerien ausgehenden, endgültig zu entscheiden hat, mit der Maßgabe, daß einer von ihr als mit dem bestehenden Rechte nicht in Einklang stehend bezeichneten Entscheidung oder Verfügung keine Folge gegeben werden darf. Wie man diese Behörde nennen will, ob Verwaltungsgerichtshof oder anders, ist ziemlich gleichgültig, aber geschaffen werden muß sie. Daß die aus der Zeit fast unbegrenzter Polizeigewalt stammende und für ihre Zeit durchaus angemessene Vorschrift in § 7 Nr. 3 des A-Gesetzes, welche wegen Überschreiten oder Mißbrauchs der Amtsgewalt oder Vernachlässigung der Amtspflicht seitens einer Verwaltungsbehörde den Rechtsweg eröffnet, jetzt ein ausreichendes Schutzmittel nicht mehr bildet, bedarf kaum der Ausführung, es genügt der Hinweis darauf, daß die Beschreitung des Rechtsweges nur in der Form der Schädenklage (ex delicto vel quasi) ermöglicht ist. Der Entwurf strebt jenes Ziel auch an und will es mit der von ihm vorgeschlagenen Anfechtungsklage erreichen. Allein während er auf der einen Seite weit hinter dem, was er nach der Begründung selbst als notwendig anzunehmen scheint, zurückbleibt, schießt er auf der anderen Seite weit über das Ziel hinaus.

Die Lage, welche durch das Verlangen nach Einführung eines Verwaltungsgerichtshofes geschaffen worden ist, oder die Lage, welche das Verlangen nach einem Verwaltungsgerichtshofe geschaffen hat, zeigt deutlich, daß die Arbeit der Praktiker auf keinem Rechtsgebiete der Mitarbeit der Theoretiker dauernd entbehren kann; selbstverständlich nicht deshalb, weil die Theoretiker etwa weiser, kenntnisreicher oder erfahrener wären als die Praktiker, sondern weil die theoretische Arbeit nicht sowohl der Anwendbarkeit des Rechtsstoffes auf den einzelneu konkreten Fall gilt, als vielmehr der Untersuchung des Rechtsstoffes um seiner selbst willen, seiner eigenartigen Beschaffenheit, seiner inneren Konstruktion. Ein großer Teil der jetzt geäußerten Wünsche und der zu ihrer Erfüllung gemachten Vorschläge beruht offenbar auf irrigen, unklaren Vorstellungen über das Wesen unseres jetzigen Verwaltungs- und Verwaltungsstreitverfahrens, was bei dem Mangel einer zusammenhängenden Darstellung und Untersuchung dieses Stoffes (denn das noch stark im Banne der Kameralistik stehende Lehrbuch Leutholds ist auch sonst veraltet) niemanden befremden darf. Im folgenden soll zunächst ein bescheidener Versuch gemacht werden, beide Arten des Verfahrens kurz zu skizzieren, ihr inneres Wesen ans Licht zu stellen; denn es erscheint als ein Gebot ebenso der Pietät wie der Klugheit, daß man eine von Vätern ererbte Sache, namentlich wenn sie unbestreitbar von Meisterhänden herrührt, erst noch gründlich ansieht, ehe man sich entschließt, sie wegzuwerfen oder bis zur völligen Unkenntlichkeit umzubilden. Die Gesetze der dreißiger Jahre des zu Ende gehenden Jahrhunderts sind zweifellos hervorragende Meisterwerke sächsischer Gesetzgebungskunst, die in den Organisationsgesetzen des Jahres 1873 ihren alten Ruhm noch einmal glänzend bewährt hat, einen Ruhm, der nicht zum mindesten darauf beruht, daß die Gesetzesverfasser nicht darauf ausgingen, neu sein zu wollen, oder aprioristische Anschauungen in Rechtssätze umzuprägen, oder Fremdes aufzunehmen, weil es fremd war, sondern daß sie die gesamte Rechtslage als ein Gewordenes und Werdendes mit feinem und liebevollem Verständnisse durchforschten und erkannten und dann mit geschickter, schonender Hand nur insoweit eingriffen, als es notwendig war, um den natürlichen Werdegang durch Fernhaltung und Beseitigung des ihn Störenden zu unterstützen. Sollte man nicht mit allen Kräften bestrebt sein, es diesen Meistern nachzuthun? Oder soll die Herstellungsart der Reichsgesetze für uns vorbildlich werden? Sollte es wirklich die Aufgabe derer sein, welche zur Fortbildung der Rechtsordnung berufen sind, dem Volke unausgesetzt die Richtigkeit des heraklitischen Satzes, daß nur der Wechsel beständig ist, vorzuführen und möglichst dahin zu wirken, daß wie „niemand zweimal in denselben Strom steigen", so auch niemand sich zweimal auf dasselbe Gesetz berufen kann? Die folgende Darstellung will zu zeigen versuchen, daß es nur eines ganz geringfügigen Eingriffes bedürfen wird, um alle diejenigen zufrieden zu stellen, denen Gesetzesänderung nicht Selbstzweck ist.

Wesen des öffentlichen Rechtes.

Die Bezeichnungen „öffentliches Recht" und „Privatrecht" bezeichnen nicht zwei verschiedene Rechte, sondern nur eine Verschiedenheit der Beziehungen innerhalb eines und desselben Rechtes. Diese Beziehungen sind entweder Beziehungen des Einzelnen zu anderen Einzelnen (physische oder juristische Personen) oder zur Gesamtheit als einem ihm gegenüberstehenden Begriffsganzen: privatrechtliche Beziehungen — oder sie sind Beziehungen des Einzelnen oder eines Begriffsganzen in seiner Eigenschaft als Glied einer Gesamtheit zu eben dieser Gesamtheit: öffentlichrechtliche Beziehungen. Diese letzteren haben insgesamt ihren Grund darin, daß der Einzelne nicht nur als Einzelner existiert, sondern stets auch als Glied eines Ganzen (Staat, Gemeinde u. s. w.) in Frage kommt, daß er eben vermöge dieses seines Gliedschaftsverhältnisses von den Zwecken des Ganzen ergriffen wird und deshalb verbunden ist, innerhalb der hierfür durch die Rechtsordnung gezogenen Schranken, seine geistigen, körperlichen und wirtschaftlichen Kräfte (Pflicht zur Amtsübernahme, Militärpflicht, Steuerpflicht u. s. w.) in den Dienst der Gesamtheit zu stellen, soweit dies zur Erhaltung der Gesamtheit und zur Erfüllung ihrer Aufgaben notwendig ist: dafür nimmt er teil am Leben der Gesamtheit, die Verwirklichung des Gesamtheitszweckes kommt ihm mit zu gute, „das Recht der Teilnahme an den für den Einzelnen aus der Arbeit der Staatsgewalt hervorfließenden Vorteilen sind die Gegenwirkungen". Außerdem ist der Einzelne, da die Gewalt der Gesamtheit, deren Glied er ist, für ihn nicht fremde Gewalt ist, regelmäßig befugt, das Verhalten der Gesamtheit, direkt oder indirekt mit zu bestimmen (Stimmrecht, Wählbarkeit). Die sogenannte Privatrechtssphäre des Einzelnen mit den aus seinem Gliedschaftsverhältnisse zum Ganzen (Reich, Staat, Gemeinde u. s. w.) sich ergebenden Beschränkungen und Erweiterungen ist seine Rechtssphäre, der Umfang seiner rechtlichen Macht: „suum ius“.

Das sogen. reine Verwaltungsverfahren.

Die Thätigkeit derjenigen Organe, durch welche die Gesamtheit diese ihre rechtlichen Beziehungen zu ihren Gliedern unterhält, (Verwaltungsorgane) dient, wie schon erwähnt, teils der Ausübung der der Gesamtheit an ihren Gliedern zustehenden Rechte, teils dem Schutze der zwischen der Gesamtheit und ihren Gliedern (als solchen) bestehenden Rechtsbeziehungen und äußert sich in letzterer Richtung in Beurkundungen, Feststellungen, Entscheidungen, Vollstreckungen. Diese Rechtsbeziehungen zwischen der Gesamtheit und ihren Gliedern finden ihre konkrete Bethätigung im sogenannten reinen Verwaltungsverfahren durch Erlaß befördlicher Verfügungen und Beschlüsse, sei es auf Antrag Einzelner oder ohne einen solchen Antrag; hierbei sind in der Regel, d. h. wo nicht einzelne Gesetze ausdrücklich etwas anderes vorschreiben (z. B. Gesetz über die Wegebaupflicht vom 12. Januar 1870 § 14), bestimmte Förmlichkeiten nicht zu beobachten und die Verfügungen und Beschlüsse bedürfen regelmäßig auch nicht der Beifügung von Gründen. Denjenigen, welche sich durch solche Verfügungen oder Anordnungen der Verwaltungsbehörden beschwert fühlen, steht gegen diese Entschließungen oder Anordnungen das Rechtsmittel des Rekurses zu, welches bei Verlust desselben binnen 14 Tagen vom Tage der Eröffnung der beschwerlichen Verfügung oder Entschließung an gerechnet (schriftlich oder mündlich zu Protokoll) eingewendet werden muß. Dasselbe geht an die der anordnenden oder beschließenden Behörde nächst vorgesetzte Behörde (§ 31 des Organisationsgesetzes vom 21. April 1873). Zweitinstanzliche Entscheidungen der Amtshauptmannschaften (Bezirksausschüsse) oder der Kreishauptmannschaften (Kreisausschüsse) sind endgültig, soweit nicht in besonderen Gesetzen — Gesetz vom 17. März 1832 § 223 flg., Gemeinheitsteilungssachen; Gesetz vom 15. August 1855, Berichtigung von Wasserläufen, Ausführung von Ent- und Bewässerungsanlagen; Gesetz vom 13. Oktober 1886 §§ 134, 147, Berg-Expropriations- und Bergschädensachen; Gesetz vom 15. Oktober 1886 § 15 und Gesetz vom 18. Oktober 1886 § 1, Immobiliar- und Mobiliar-Brandversicherungssachen — ausdrücklich drei Instanzen geordnet sind. Aufschiebende Wirkung haben die Rekurse dann, wenn nicht die Sicherstellung des öffentlichen Interesses das Gegenteil erfordert. Über die Wiedereinsetzung in den vorigen Stand (restitutio in integrum) gelten die Grundsätze des vormaligen sächsischen Civilprozesses. Die anordnende Behörde ist, so lange nicht eine Oberbehörde die unterbehördliche Anordnung oder Entschließung zu der ihren gemacht hat, jederzeit befugt, dieselbe ganz oder teilweise wieder aufzuheben oder abzuändern, es sei denn, daß diese Befugnis durch ausdrückliche gesetzliche Bestimmungen ausgeschlossen oder beschränkt ist oder daß durch die Entschließung oder Anordnung ein subjektives Recht begründet worden ist. Mit derselben Beschränkung kann die Oberbehörde, auch ohne daß ein Rechtsmittel vorliegt, eine Aufhebung oder Änderung der unterbehördlichen Verfügung von Aufsichts- oder Oberaufsichtswegen anordnen. Neben dem Rekursrechte besteht noch das durch § 36 der Verfassungsurkunde den Unterthanen gewährleistete Beschwerderecht wegen gesetz- oder ordnungswidrigen Verfahrens einer Behörde oder wegen Verzögerung der Entscheidung. Diese Beschwerde ist schriftlich bei der zunächst vorgesetzten Behörde zu führen und an eine Frist nicht gebunden. Den Entscheidungen auf Rekurse und Beschwerden sind Gründe beizufügen. Eigentümlich ist den im reinen Verwaltungsverfahren ergehenden Verfügungen und Entscheidungen, daß sie nicht in Rechtskraft im eigentlichen Sinne des Wortes übergehen, daß sie also — von den vorerwähnten Ausnahmen abgesehen — nicht die Behörde selbst binden. Die alte Polizeihoheit, das Recht der Regierung, für die Zwecke der Gesamtheit über deren Glieder frei zu verfügen, also zu gebieten und zu verbieten, besteht, soweit es nicht ganz ausdrücklich gesetzlich eingeschränkt ist, fort; wer sein Erlöschen behaupten will, hat den Beweis zu erbringen.

Da sich die Behörde durch ihre Entschließungen regelmäßig nicht selbst die Hände bindet, so ist sie regelmäßig, wie schon gesagt, auch nicht behindert, eine von ihr zu Recht erteilte Anordnung wieder aufzuheben, wenn sie deren Unzweckmäßigkeit oder Entbehrlichkeit erkennt, und eine zu Recht verweigerte Anordnung nachträglich noch zu erlassen, wenn sie sich hinterher noch von deren Zweckmäßigkeit oder Unbedenklichkeit überzeugt, selbstverständlich immer unbeschadet des Rekursrechtes gegen die neue Anordnung, und ebenso kann sie selbstverständlich eine Anordnung beseitigen, wenn sie sich überzeugt, daß diese zu Unrecht erlassen war. Sie wird hieran namentlich nicht dadurch gehindert, daß derjenige, dem die Anordnung erteilt oder die Verweigerung ausgesprochen worden ist, die Rekursfrist unbenutzt hat verstreichen lassen oder daß die Anordnung von ihr in zweiter Instanz erteilt oder verweigert worden ist, und dasselbe gilt auch von dem Eingriffsrechte der Oberbehörde. Anderenfalls würde die Gesamtheit (Staat, Gemeinde u. s. w.) des freien Gebrauches ihrer Glieder binnen kurzem vollständig beraubt sein, weil in Bälde alles festgelegt sein würde; ein Organismus aber, der die Verfügungsgewalt über seine Organe vollständig eingebüßt hat, ist tot. Wie sind aber damit die Gesetzesbestimmungen in Einklang zu bringen, daß der Rekurs bei seinem Verluste binnen 14 Tagen eingewendet sein muß und daß die darauf ergehende Entscheidung regelmäßig endgültig ist? Die Sache ist einfach: Diese Bestimmungen begrenzen die Rechte der der Staatsgewalt Unterworfenen und die diesen Rechten entsprechenden Pflichten der Staatsgewalt. Früher konnte in reinen Verwaltungssachen jederzeit und solange fort remediert werden, bis die Sache an die höchste Stelle gebracht war. Diesem Zustande mußte im Hinblick auf die sich immer mehr steigernde Kompliziertheit der Rechtsordnung und den sich immer mehr steigernden Verkehr bei den Behörden Einhalt gethan werden und so ist bestimmt worden, daß derjenige, welcher sich durch eine verwaltungsbehördliche Anordnung oder Entschließung beschwert fühlt, zwar das Recht haben soll, eine oberbehördliche Nachprüfung dieser Anordnung oder Entschließung zu verlangen, aber nur eine einmalige und nur dann, wenn er binnen 14 Tagen von diesem Rechte Gebrauch macht. Thut er dies, so hat **er** einen Rechtsanspruch auf oberbehördliche Nachprüfung: sie muß erfolgen einfach deshalb, weil er es will; wird sie ihm verweigert oder mutwillig erschwert oder wird sie grundlos verzögert, so hat er gerechten Anlaß, sich nach § 36 der Verfassungsurkunde über das gesetz- und ordnungswidrige Verfahren oder die Verzögerung der Entscheidung zu beschweren und nach § 7 Nr. 3 des A-Gesetzes wegen des ihm durch den Mißbrauch der Amtsgewalt oder die Vernachlässigung der Amtspflicht seitens der Behörde etwa zugefügten Schadens Schadenersatz zu fordern. Hat er aber die Rekursfrist versäumt oder die zweitinstanzliche Entscheidung erhalten, so hat er kein Recht mehr, eine nochmalige Prüfung zu verlangen, aus der Verweigerung oder gar nur aus der Verzögerung einer solchen Nachprüfung erwächst ihm kein Grund zu gerechtfertigter Beschwerde und kein Anspruch auf Entschädigung. Dagegen kann, abgesehen von den oben erwähnten Ausnahmen, sowohl die Behörde selbst, gegen deren Maßnahmen das an sich unzulässige Rechtsmittel gerichtet ist, wie die dieser Behörde vorgesetzte Behörde sich mit nochmaliger Prüfung befassen; sie kann es thun, wie oben gezeigt wurde, aus eigenem Antriebe, von Amtswegen, und ihr Recht, ja ihre der Gesamtheit, deren Organ sie ist, gegenüber bestehende Pflicht, eine an sich nicht widerrechtliche, von ihr aber als zweckwidrig, ja vielleicht als gefährlich und schädlich erkannte Maßnahme aufzuheben, wird selbstverständlich nicht dadurch in Wegfall gebracht, daß diese Maßnahme in zweiter Instanz getroffen oder gutgeheißen worden ist, oder daß derjenige, welchen sie zunächst anging (vielleicht aus Beschränktheit oder Nachlässigkeit, vielleicht auch seines richtig erkannten Vorteiles wegen), es unterlassen hat, rechtzeitig Rekurs einzuwenden. Wenn die Oberbehörde freilich *diese* Eingriffsbefugnis aus § 36 der Verfassungsurkunde und aus der Nichtigkeitsbeschwerde der Erläuterten Prozeßordnung ableiten will, muß sie bei der näheren Begründung derselben auf große Schwierigkeiten stoßen. Wie steht es aber um den rechten Gebrauch dieses Hoheitsrechtes? Da die Verminderung des Instanzenzuges und die Einführung der Rekursfrist vom Staate auf Grund des ihm zustehenden, in der Form der Gesetzgebung ausgeübten Selbstbestimmungsrechtes zu dem Zwecke bewirkt worden sind, das Remedieren ins Unendliche einzudämmen, unerquickliche und schädliche Verzögerungen hintanzuhalten und einer Überlastung der Behörden mit meist recht unnötigen Arbeiten vorzubeugen, so handeln die staatlichen Organe dann nicht im Sinne des Gesetzes und nicht zum Wohle des Gesamtorganismus, wenn sie von ihrem Eingriffsrechte in anderen Fällen Gebrauch machen, als in denjenigen, in denen ein solcher Gebrauch im Interesse des gesunden Fortbestandes des Staates oder zur Vermeidung schwerer Schädigungen oder Gefährdungen der gemeinen Wohlfahrt eines größeren oder kleineren Kreises unumgänglich nötig wird; dies wird, von anderen Fällen abgesehen, namentlich immer dann der Fall sein, wenn eine Entscheidung oder Verfügung mit einem Rechtssatze, dessen Inhalt so klar und unzweideutig ist, daß eine mehrfache Deutung desselben ausgeschlossen erscheint, im Widerspruche steht, oder wenn sie zwar diesen Rechtssatz richtig giebt, ihm aber einen Thatbestand unterschiebt, welcher mit dem Akteninhalte schlechterdings unvereinbar ist; denn Fälle dieser Art bilden eine der schwersten Gefährdungen dessen, was den staatlichen Organismus überhaupt zusammenhält, der Rechtsordnung.

Dem im vorstehenden Entwickelten entsprach auch die behördliche Praxis bis noch vor wenigen Jahren. Dagegen entspricht es dem Sinne unserer Rechtsordnung und der Rücksichtnahme auf das Wohl des Ganzen schwerlich, wenn eine zur Entscheidung nicht verpflichtete Instanz sich auch schon deshalb mit der Sache befaßt, weil sie, wenn sie die Vorinstanz wäre, anders entschieden haben würde. Daß und warum sich die Fälle dieser Art neuerlich gemehrt haben, ist auf Seite 45 der Entwurfsbegründung nachzulesen. Mögen nun auch solche Fälle zur Steigerung des Verlangens nach einem Verwaltungsgerichtshofe, nach einer Stelle, die niemals, auch nicht mittelbar, Richter über ihre eigenen Anordnungen werden kann, beigetragen haben, so liegt doch der tiefere Grund des Verlangens, wie zu zeigen versucht wurde, in der Rechtslage und ihrer naturgemäßen Entwickelung selbst. Nicht das Verwaltungsstreitverfahren, nicht die Konstruktion eines neuen komplicierten Apparates für die Behandlung einzelner aus der Masse der Fälle mehr oder minder glücklich herausgegriffener Differenzen, eines Apparates, an dem kaum die Juristen, viel weniger andere Leute, ihre

Freude haben dürften, ist es — wie noch gezeigt werden soll — worauf das Verlangen geht, sondern es ist fast ausschließlich die Beseitigung jenes nicht wegzuleugnenden und immer fühlbarer gewordenen Mißstandes in Bezug auf den Rechtsschutz. Man gebe die gewünschte Instanz in der einfachsten, gemeinverständlichsten, aber gründliche Abhilfe verbürgenden Form und der Ruf nach einem neuen Verwaltungsstreitverfahren, der nur laut geworden ist, weil man irrigerweise von seiner Erhörung eine Beseitigung der Schmerzen hofft, oder sich aus übel angebrachter Höflichkeit oder falscher Loyalität scheut, den Sitz des Übels offen zu bezeichnen, wird schnell verstummen, um so sicherer, wenn der Nachweis gelingt, welcher im folgenden versucht werden soll, nämlich der Nachweis, daß wir für die Fälle, für die sich ein Verwaltungsstreitverfahren überhaupt wirklich eignet, ein Verwaltungsstreitverfahren bereits haben und zwar ein ganz ausgezeichnetes und jedenfalls ein besseres, als der Entwurf anbietet, daß es nur darauf ankommt, von diesem arg verkannten und vielfach mißverstandenen Verfahren einen sach- und gesetzmäßigen Gebrauch zu machen und daß auch nach dieser Richtung hin jene neuzuschaffende Instanz heilsam wirken kann. Man hüte sich, auch den Administrativjustizprozeß einfach über Bord zu werfen, ohne sich vorher darüber genaue Rechenschaft gegeben zu haben, was er eigentlich soll und kann.

Der Administrativjustizprozeß.

Der Administrativjustizprozeß ist zur Zeit das Stiefkind unter den auf den Rechtsschutz abzielenden Vorkehrungen. Nach § 1 des D-Gesetzes vom 28. Januar 1835 ist eine zur Kompetenz der Verwaltungsbehörden gehörige Sache als eine streitige zu betrachten, wenn dabei mehrere Beteiligte einander gegenüberstehen, welche gewisse Befugnisse in Anspruch nehmen oder die ihnen angesonnene Verbindlichkeit bestreiten. Zu dieser Bestimmung sagt Leuthold (das Königl. Sächs. Verwaltungsrecht, Leipzig 1878, S. 394 unten): „Wie schon Funke, Polizeigesetze Bd. I, S. 269, erklärt, läßt sich „„für den Begriff der Administrativjustizsachen kein abgeschlossenes Gebiet gewinnen““ und kommt es im wesentlichen auf die Praxis an, welche Deutung die an der Spitze des Textes wiedergegebene gesetzliche Begriffsbestimmung (§ 1 des D-Gesetzes) findet.“ Praxis ist die Thätigkeit der Praktiker, und für deren Thätigkeit auf dem Gebiet des Rechts ist es die Rechtsnorm, welche Art und Richtung anweist. Sollte nun die in § 1 des D-Gesetzes dem Praktiker erteilte Anweisung wirklich lauten: „In gewissen Fällen, deren Auswahl ich dir ganz überlasse, hast du nachstehende Vorschriften zu befolgen?“ Ist ein solcher Satz den Gesetzesverfassern gerade jener Zeit zuzutrauen? Sollte das D-Gesetz seine Entstehung wirklich nur dem Bedürfnisse seiner Verfasser, über A, B, C hinaus zu buchstabieren, verdanken? Das müßte erst unwiderleglich bewiesen sein, ehe es überhaupt nur glaubhaft scheinen könnte.

Die Rechtsbeziehungen sind oben eingeteilt worden in Rechtsbeziehungen des Einzelnen zu beliebigen anderen Einzelnen oder zu der Gesamtheit als einem ihm gegenüberstehenden Begriffsganzen, deren Schutz der Civilprozeß dient, und in Rechtsbeziehungen des Einzelnen als Glied einer Gesamtheit zu eben dieser Gesamtheit, welche im sogen. reinen Verwaltungsverfahren zum Austrag kommen; sind nun — abgesehen vom Straf- und Völkerrecht — mit dieser Einteilung alle Möglichkeiten rechtlicher Beziehungen erschöpft? Nein! Es bleibt noch eine eigenartige Gruppe übrig, nämlich Rechtsbeziehungen zwischen Einzelnen (physischen oder juristischen Personen, auch öffentlich-rechtlichen Personen) als Gliedern einer Gesamtheit zu anderen solchen Personen, als Gliedern der nämlichen Gesamtheit, aus dem gemeinsamen Gliedschaftsverhältnisse: dem Schutze dieser Beziehungen dient der Administrativjustizprozeß. Auch bei ihm kommen Rechte und Verbindlichkeiten (im Gegensatze zu bloßen Interessen) in Frage. Dabei ist aber, im Gegensatze zu den civilrechtlichen, stets von irgend einer öffentlichen Einrichtung (im weitesten Sinne des Wortes) die Rede, aus welcher die streitigen Rechte und Verbindlichkeiten entstehen sollen, oder wovon sie als Ausnahme in Anspruch genommen werden, welche, weil sie eben öffentlich-rechtlicher Art sind, ihrem Bestande nach nicht bloß die Beteiligten angehen. Sehen wir uns hiernach § 1 des D-Gesetzes noch einmal an: Es wird hier vorausgesetzt und gefordert:

1. eine zur Kompetenz der Verwaltungsbehörde gehörige Sache, also eine Irrung auf dem Gebiete des öffentlichen Rechtes (bei welcher sich niemand auf Privatrechtstitel beruft),

2. daß sich die dabei Beteiligten „gegenüberstehen"; damit sind Irrungen über die Beziehungen zwischen der Gesamtheit und ihren Gliedern als solchen (zwischen Staat und Unterthan, Gemeinde und Gemeindemitglied) ausgeschlossen, da der Einzelne, wenn und so weit er um seiner Gliedeigenschaft willen vom Ganzen ergriffen wird und in diesem aufzugehen hat, nicht gleichzeitig diesem Ganzen, als dessen Teil er in Frage kommt, „gegenüberstehen" kann. Dazu kommt aber weiter noch

3. daß die sich so Gegenüberstehenden dabei gewisse Befugnisse (nicht, wie gezeigt wurde, von der Gesamtheit, sondern) vom Gegner in Anspruch nehmen oder ihnen (wiederum nicht von der Gesamtheit, sondern) vom Gegner angesonnene Verbindlichkeiten bestreiten. Diese Befugnisse sind aber Rechtsbefugnisse, denn nur ihnen gegenüber kann von Verbindlichkeiten die Rede sein. Verzichtet der Eine während des Prozesses auf seine wirkliche oder vermeintliche Befugnis oder hört der

Andere auf, die ihm zu Recht oder Unrecht angesonnene Verbindlichkeit zu bestreiten, so hört die Sache auf, streitig zu sein und damit auch der Prozeß; das Verhältnis, „die öffentliche Einrichtung“, aus welcher das Recht oder die Verbindlichkeit entsprungen sein soll, wird aber davon in keiner Weise berührt. Hiernach ist der Administrativjustizprozeß das Verfahren über der Parteiverfügung unterstellte Ansprüche und Verbindlichkeiten aus der Parteiverfügung entzogenen Rechtsverhältnissen (des öffentlichen Rechtes). Daher sind die lediglich den Anspruch selbst betreffenden Parteifeststellungen und -Verfügungen für den Richter bindend, wogegen im übrigen der Administrativjustizprozeß nicht auf der Verhandlungs-, sondern der Erörterungsmaxime beruht. Das D-Gesetz enthält also nicht nur den Keim zu einer wirklichen Verwaltungsgerichtsbarkeit, sondern giebt sie für alle diejenigen Fälle, in denen sie ihrem Wesen nach überhaupt Platz greifen kann, und bezeichnet diese Fälle mit einer geradezu klassischen Prägnanz. Wie sehr damit das Richtige getroffen ist, beweist — besser als lange Ausführungen es könnten — die Einfachheit und Übersichtlichkeit des prozessualen Apparates: kein Vertreter des öffentlichen Interesses (obgleich dasselbe bei Erlaß des Gesetzes noch fast allmächtig war); denn das dem Streite zu Grunde liegende Rechtsverhältnis kann durch die Parteithätigkeit nicht beeinflußt werden und an der Verfolgung oder Nichtverfolgung der aus demselben entspringenden, der freien Parteiverfügung unterliegenden Ansprüche ist die Gesamtheit schlechterdings nicht interessiert, keine obrigkeitliche Nötigung friedliebender Menschen zur Prozeßführung, keine behördliche Verhinderung der Klagrücknahme, keine Möglichkeit dem Beklagten eine von ihm ausdrücklich gewollte angebliche Schmälerung seines Verteidigungsrechts zu verbieten, kein Rechtsmittel des Richters gegen sein eigenes Urteil u. dergl. m. Was der Parteiverfügung nicht unterliegt, ist von Amtswegen zu erörtern, Parteistreit nur insoweit, als es sich materiell um Parteibefugnisse und -Verbindlichkeiten handelt, da aber auch überall Parteidisposition und das Urteil schafft Recht nur für die Parteien.

Allerdings ist im Laufe der Zeiten der Kreis der Administrativjustizsachen thatsächlich immer mehr eingeschränkt worden, aber gewiß nicht — wie auf Seite 41 der Entwurfsbegründung zu lesen ist — infolge der Neigung der Unterbehörden, die ihnen lästigen Fesseln eines geordneten gerichtlichen Verfahrens wenn irgend möglich abzuschütteln — denn wo sich eine solche Neigung bethätigt hätte, würde ihr von der übergeordneten Instanz, zumal dieser dadurch regelmäßig eine ihr sonst nicht zukommende Arbeit erwachsen wäre, entgegengetreten worden sein —, sondern infolge der Neigung der 2. Instanz, deren Bethätigung niemand verhindern kann, die zweitinstanzliche Entscheidung von sich weg und einer anderen Behörde zuzuweisen. Für die untere Behörde bedeutet die Behandlung einer Sache im Administrativjustizprozeß nicht eine lästige Fessel, sondern eine Erleichterung, und deshalb dürften Fälle, in denen eine Sache aus dem reinen Verwaltungsverfahren in den Administrativjustizprozeß verwiesen worden wären, zu den größten Seltenheiten zählen, nicht selten aber sind die Fälle, in denen die zweite Instanz eine Sache aus dem Administrativjustizprozeß in das reine Verwaltungsverfahren verwiesen hat, und unter diesen befinden sich auch Sachen, welche ganz zweifellos in den Administrativjustizprozeß gehören, wie z. B. Streitigkeiten zwischen dem Erbauer einer Straße und dem späteren Anbauer an derselben, darüber ob und in welcher Höhe der Erstere von dem Letzteren auf Grund eines Ortsstatutes Anliegerbeiträge zu fordern berechtigt ist. Das Verhältnis an sich ist ortsstatutarisch in einer der Parteiverfügung nicht unterliegenden Weise festgelegt, die aus diesem Verhältnis aber erwachsenden Rechte und Verbindlichkeiten unterstehen völlig der Parteiverfügung: der Fordernde kann nicht bloß auf die erhobene Klage, sondern auch auf seinen Anspruch verzichten, der vielleicht zu Unrecht in Anspruch Genommene kann leisten, beide können sich im Prozesse auf eine ganz andere Summe, als sich nach dem Ortsstatut ergeben würde, vergleichen und an alle diese Dispositionen ist die entscheidende Behörde gebunden: erklärt der Beklagte etwas leisten zu wollen, wozu er nach Ansicht der erkennenden Instanz nicht verpflichtet ist, so hat die Entscheidung zu lauten, daß es bei dieser Zusicherung bewende und daß der Beklagte nur im übrigen von der erhobenen Klage zu entbinden und loszuzählen sei. Man vergleiche dagegen hiermit die Rechtslage der sogenannten „Parteien“ und der entscheidenden Behörden bei „Irrungen“ (so — nicht „Streitigkeiten“ — sagt das Organisationsgesetz sehr feinfühlig und korrekt) über die Öffentlichkeit eines Weges. Hier muß in allen Fällen „behördlich festgestellt“ werden, der Parteiwille ist schlechthin unwirksam; denn es handelt sich um ein der Parteiverfügung durchaus entzogenes Verhältnis des öffentlichen Rechtes: die Verbindlichkeit zur Duldung und zur Instandhaltung eines öffentlichen Weges besteht nur der Gesamtheit, dem Staate gegenüber, nicht aber gegenüber der baupflichtigen Gemeinde, oder den Anliegern oder dem Besitzer des Areals oder sonst wem, und da selbstverständlich das Recht des Staates auf Erhaltung und Instandhaltung eines öffentlichen Weges nicht durch Parteiabmachungen berührt werden kann, so ist hier schlechterdings kein Raum für ein wirkliches Parteiverfahren. Der Administrativjustizprozeß ist in Fällen dieser Art aber auch noch aus einem formellen Grunde ausgeschlossen: er kennt — wie überhaupt der alte sächsische Prozeß — (neben den provocationes ad agendum) nur Leistungsklagen, keine Feststellungsklagen. Das ist aber hier kein Mangel, sondern entspricht dem Wesen der Sache: die Feststellungsklage würde gehen auf bloße Feststelluug eines Verhältnisses des öffentlichen Rechtes, diese sind aber der Parteieinwirkung schlechthin entzogen, es kann in Bezug auf sie also zwar wie in Bezug auf jede Rechtsfrage Leute mit verschiedenen Ansichten, nicht aber materiell „Parteien“ geben und damit erledigt sich der Parteiprozeß.

Mit der Einschärfung und sorgsamen Beobachtung von § 1 des D=Gesetzes wird dem sächsischen Rechtsschutzbedürfnisse sicherlich besser gedient werden, als mit der Einführung fremder Bestimmungen über das Verwaltungsstreitverfahren, mit der geplanten künstlichen Herstellung von Parteien zur Verhandlung von Sachen, die nicht Parteisachen sind und nicht sein können, und mit seinem komplizierten Apparate zur Wiederunschädlichmachung dieser eben erst künstlich erzeugten Parteien, von dem durchaus nicht ohne weiteres anzunehmen ist, daß er seinem Zwecke völlig entsprechen wird.

Nur eine Änderung dürfte angezeigt erscheinen, nämlich die Übertragung der bisherigen Zuständigkeit der Ministerien auf den oben vorgeschlagenen Verwaltungsgerichtshof und zwar sowohl aus Gründen, welche sich unschwer aus dem bisher Ausgeführten ergeben, als auch um deswillen, weil dieser Gerichtshof andernfalls kaum ausreichend beschäftigt sein würde; denn in Ansehung der reinen Verwaltungssachen wird der Schwerpunkt seiner Wirksamkeit nicht in dem liegen, was er thut, sondern vielmehr in dem, was eben, seiner Existenz wegen künftig unterbleibt.

Im Anschluß hieran möge noch ein Wort über die Grundsätze der „Öffentlichkeit“ und „Mündlichkeit“ gestattet sein.

Der Grundsatz der Öffentlichkeit.

Grundsätze, Axiome, sind Sätze, die man nicht beweisen kann und deshalb für eines Beweises nicht bedürftig erklärt. Ihr Hauptgebiet ist die abstrakteste aller Disciplinen, die Mathematik, ihre Übertragung von dort auf andere Gebiete ist, wie überhaupt die Übertragung der mathematischen Methoden auf die Behandlung realer Verhältnisse nicht unbedenklich: sie leisten hier nicht, was sie dort leisten; was im luftleeren Raume zutrifft, trifft nicht zu in der frischen, oft recht belebten Luft des täglichen Verkehres und das an sich richtige Ergebnis der dialektischen Behandlung eines aprioristischen Grundgedankens erweist sich als unrichtig oder doch als nur mit großen Einschränkungen richtig, wenn es aus dem Bereiche rein spekulativer Betrachtung in die rauhe Wirklichkeit verpflanzt wird. Noch übler steht es um die Grundsätze, deren Richtigkeit nicht einmal in abstracto einleuchten will, wie z. B. um den Grundsatz von der außergewöhnlichen Gesundheit jedes Laienverstandes. Doch nicht von ihm, sondern vom Grundsatz der Öffentlichkeit soll gesprochen werden. „Offen, vor den Augen der Rechtsgenossen, muß sich die behördliche Thätigkeit vollziehen." Aber wo sind die Rechtsgenossen, welche zuschauen oder gar zuhören? Wir haben die Öffentlichkeit bei den ordentlichen Gerichten, bei den Schiedsgerichten für Unfall-, Invaliditäts- und Altersversicherungssachen, bei den Bezirks- und Kreisausschüssen u. s. w. Die Thüren sind unverschlossen, aber herein kommt — abgesehen von verschwindenden Ausnahmen, die auch immer eine kleine Sensation erregen — nur wer geladen ist; das gilt sogar von den Verhandlungen der Civilsenate des Reichsgerichtes, nachdem die roten Talare der Richter und die Schönheit der Räume den Reiz der Neuheit verloren haben. Nur bei den Strafgerichten liegt die Sache anders, da folgen die Gesinnungsgenossen des auf der Anklagebank Sitzenden der Verhandlung mit größter Aufmerksamkeit, da erscheinen auch noch andere „Rechtsgenossen" und namentlich auch Genossinnen; daß aber die Beweggründe, welche diese (von verschwindenden Ausnahmen abgesehen) dahin führen, besonderer staatlicher Fürsorge bedürften, wird sich schwer behaupten und noch viel schwerer beweisen lassen.

Hat aber die Öffentlichkeit nicht etwa schon durch ihr bloßes Vorhandensein, durch die stete Möglichkeit einer Überwachung der Richter seitens des Publikums thatsächlich Segen gestiftet? Die Frage wird nur der schlechthin bejahen, der behaupten will, daß die Richter in Sachsen vorher weniger kenntnisreich, weniger gerecht oder weniger gründlich gewesen seien als heutzutage, dieser Beweis wird sich schwer erbringen lassen, in Bezug auf die „Gründlichkeit" namentlich schwer wegen der „Mündlichkeit".

Der Grundsatz der Mündlichkeit.

Ein weiterer Grundsatz lautet: „Mündliche Verhandlung." Es ist merkwürdig: solange als Schreiben und Lesen Künste waren, die nur ein Bruchteil der Rechtsgenossen verstand, galt der Grundsatz, „was nicht in den Akten steht, ist nicht in der Welt", seitdem aber jene Künste Gemeingut aller Rechtsgenossen geworden sind, soll es beinahe nichts Gefährlicheres geben, als ihre ausschließliche Anwendung bei der Austragung von Rechtshändeln. Sollte nicht auch hier, wie fast überall, die Wahrheit in der Mitte liegen? Als im Jahre 1876 sich die zweite Kammer mit der Frage (die deshalb jetzt hier besprochen wird) über die Erstreckung der Öffentlichkeit und Mündlichkeit auf dazu geeignete Verwaltungssachen beschäftigte, erklärte die Regierung mit dankenswerter Vorsicht, daß sie mit dem Wunsche nach thunlichster Ausdehnung der Mündlichkeit und Öffentlichkeit auch auf Verwaltungssachen sympathisiere, soweit dies möglich wäre ohne das Verfahren zu verteuern oder zu verschleppen, daß es jedenfalls aber zweckmäßig wäre, „mit dieser Änderung zu warten, bis die neue deutsche Civilprozeßordnung, der wir die Grundlage dafür zu entnehmen haben würden, vorliege."

Die Civilprozeßordnung ist gekommen und mit ihr die Mündlichkeit. Es dürfte jetzt aber jedenfalls wieder „zweckmäßig sein, mit Änderungen zu warten", bis die Novelle zur Civilprozeßordnung vorliegen wird, deren Entwurf die Einführung des Protokollierungszwanges in Ansehung der Zugeständnisse im Amtsgerichtsprozesse vorschlägt. In der Verwirklichung diese Vorschlages erblicken die eifrigsten Verfechter der Mündlichkeit, gewiß mit Recht, einen schweren Schlag gegen dieses Prinzip und das primum moriens der Mündlichkeit im Amtsgerichtsprozesse, und dennoch findet jener Vorschlag warme Verteidiger auch aus den Kreisen der Richter. Die Mündlichkeit scheint hiernach doch nicht so schlechthin „das Beste in der Welt zu sein", wofür sie bisher ausgegeben wurde.

Auch schon jetzt ist sowohl in reinen Verwaltungssachen als auch in Administrativjustizsachen, besonders in der Unterinstanz, der Mündlichkeit viel Raum gewährt, aber wie verhältnismäßig gering ist der Gebrauch, welcher davon gemacht wird! Die Beteiligten können alle schreiben und „machen daher lieber eine Eingabe", welche sie in Ruhe abfassen können, bei der nichts überhört werden kann und deren Vorhandensein der Oberbehörde später die Möglichkeit giebt, zu beurteilen, ob die Unterbehörde auch alles in der Sache Vorgebrachte nach Gebühr berücksichtigt und erörtert oder ob sie vielleicht gerade die Hauptsache überhört oder übersehen hat. Eine Umfrage bei den Gemeinden, insbesondere auch bei den Landgemeinden (deren Organen man im allgemeinen gewiß nicht große Schreibseligkeit vorwerfen wird) darüber, ob sie wünschten, daß in einer größeren Reihe von Fällen, welche bisher schriftlich erledigt zu werden pflegten, die Schriftlichkeit beseitigt und dafür die mündliche Verhandlung an Amtsstelle eingeführt werde, dürfte ein für die Verfechter der Mündlichkeit recht überraschendes Ergebnis zu Tage fördern. Damit soll selbstverständlich die Mündlichkeit nicht schlechthin verworfen werden, sie bietet unter Umständen und nach gewissen Richtungen hin zweifellos sehr große Vorteile, aber man hüte sich, sie deshalb als das allein seligmachende Prinzip hinzustellen und lediglich ihretwegen Einrichtungen, welche sich bewährt haben, völlig umzustürzen.

Vorschlag. Als praktischer Niederschlag aus alle dem, was im vorstehenden ausgeführt worden ist, dürfte sich folgende Skizze eines Gesetzentwurfes ergeben:

1. Es wird ein Verwaltungsgerichtshof errichtet mit dem Sitze in N.

Es wird sich empfehlen, den Sitz des Gerichtshofes nicht nach Dresden zu verlegen; jede sächsische Stadt, in welcher sich z. B. ein Landgericht befindet, erscheint geeigneter als die Residenz- und Hauptstadt: dadurch, daß der oberste Gerichtshof zur Entscheidung über die Gesetzmäßigkeit von Regierungsmaßregeln räumlich getrennt ist von den obersten Regierungsbehörden, wird gleich von vornherein jeder Verdacht einer beabsichtigten oder unbeabsichtigten Beeinflussung des Gerichtshofes ferngehalten und auch jeder Schein eines Grundes zum Mißtrauen ausgeschlossen werden und es wird namentlich auch den Übelständen gründlich vorgebeugt, welche daraus entstehen, daß die zur Übernahme eines Richteramtes geneigten und nach demselben strebenden Persönlichkeiten die Neigung zur geräuschlosen, gründlichen Bearbeitung und Entscheidung heikler Fragen aus dem Gebiete des öffentlichen Rechtes verwechseln mit der davon grundverschiedenen Neigung — zur Residenz. Wohl aber wären die Mitglieder des Gerichtshofes in Bezug auf Gewährleistung richterlicher Unabhängigkeit, auf Rang und Diensteinkommen den Mitgliedern des Oberlandesgerichtes gleichzustellen, wie dies ja auch der Entwurf vorsieht. Die Besetzung des Gerichtshofes mit 7—8 Mitgliedern, einschließlich des Vorsitzenden, und die Fällung der Entscheidungen (nach Maßgabe der vom Gerichtshofe selbst aufzustellenden Geschäftsordnung) durch 5 Mitglieder dürfte zweckentsprechend sein; eine geringere Zahl der Entscheidenden würde dagegen den ganzen Wert der Einrichtung in Frage stellen.

a) Auf den Verwaltungsgerichtshof geht die bisherige Zuständigkeit der Ministerien in Administrativjustizsachen über.

Einige deshalb nötig werdende geringfügige Änderungen des D-Gesetzes — Zusammensetzung bei der Entscheidung auf anderweite Rekurse und auf Nichtigkeitsbeschwerden — dürften weder zu Bedenken noch zu Schwierigkeiten Anlaß bieten.

b) Der Verwaltungsgerichtshof entscheidet auf Revisionen in reinen Verwaltungssachen gegen alle mit dem Rechtsmittel des Rekurses nicht anfechtbaren und reichsgesetzlich nicht ausdrücklich für endgültig erklärten Entscheidungen und Verfügungen, sowie gegen alle oberbehördlichen Erlasse, durch welche solche Entscheidungen oder Verfügungen aufgehoben oder abgeändert werden. Die Einwendung der Revision steht den von diesen Entscheidungen oder Verfügungen Betroffenen zu.

Verfügungen und Entscheidungen, gegen welche der Rekurs versäumt ist, sind nicht revisibel, denn sie sind an sich mit Rekurs anfechtbar.

2. Die Revision kann nur darauf gestützt werden, daß ein im Königreich Sachsen gültiger Rechtssatz nicht oder unrichtig angewendet worden sei oder daß die Entscheidung oder Verfügung auf einem Verstoße wider den klaren Akteninhalt beruhe.

3. Die Revision muß binnen 14 Tagen, vom Tage der Eröffnung der beschwerlichen Entscheidung oder Verfügung an gerechnet, bei der Behörde, gegen deren Entscheidung oder Verfügung sie gerichtet ist, eingewendet und binnen weiteren 14 Tagen unter Angabe aller Revisionsanträge begründet werden. Von jedem Schriftsatze ist eine Abschrift beizufügen.

4. Die Urschriften sind binnen 3 Tagen nach ihrem Eingange von der vorbezeichneten Behörde dem Verwaltungsgerichtshofe zu übersenden. Ist die Revision bei einer anderen Behörde als dem Ministerium eingewendet, so hat diese dem ihr vorgesetzten Ministerium die Abschrift der Revision unter Beifügung der Sachakten binnen 14 Tagen und die Abschriften der später eingehenden Schriftstücke binnen 3 Tagen nach deren Eingang zu übersenden.

5. Binnen längstens 14 Tagen nach Ablauf der Begründungsfrist sind die Akten von dem beteiligten Ministerium, unter Beifügung einer etwaigen Gegenerklärung und einer für den Revisionskläger bestimmten Abschrift derselben, dem Verwaltungsgerichtshofe zn übersenden, dafern nicht die zur Beschwerde gezogene Entscheidung oder Verfügung inzwischen abgeändert oder aufgehoben worden, und daß dies geschehen, dem Verwaltungsgerichtshofe von dem Ministerium mitgeteilt worden ist.

Es wird also der Regierungsgewalt an keiner Stelle und in keiner Form irgend ein, wenn auch noch so geringer Abbruch gethan. Selbstverständlich ist gegen jene nach Einwendung der Revision in der Sache erlassenen Entscheidungen und Verfügungen wieder die Revision (vorstehend 1 b) gegeben und das wird die zum Erlasse solcher Entscheidungen und Verfügungen zuständigen Behörden sehr vorsichtig beim Gebrauche dieses Mittels machen.

6. Erachtet der Verwaltungsgerichtshof die Revision für versäumt oder sonst unzulässig oder für offenbar unbegründet, so kann er sie durch einen mit Gründen zu versehenden Bescheid zurückweisen. In dem Bescheide ist dem Revisionskläger zu eröffnen, daß er befugt ist, binnen zwei Wochen, vom Tage der Zustellung des Bescheides an gerechnet, Anberaumung einer mündlichen Verhandlung vor dem Verwaltungsgerichtshofe zu beantragen. Abschrift des Bescheides ist dem beteiligten Ministerium mitzuteilen. Geht innerhalb der vorbezeichneten Frist ein Antrag auf mündliche Verhandlung nicht ein, so ist der Bescheid unanfechtbar und es ist hiervon dem beteiligten Ministerium bei Aktenrückgabe Mitteilung zu machen.

7. Wird die mündliche Verhandlung beantragt (vorstehend 6.) oder ist die Erledigung der Revision durch Bescheid unzulässig oder wird sie vom Verwaltungsgerichtshofe nicht für angezeigt gehalten, so ist Termin zur mündlichen Verhandlung vor dem Verwaltungsgerichtshofe anzuberaumen, zu welchem der Revisionskläger mindestens eine Woche vor dem Termine unter der Verwarnung zu laden ist, daß auch im Falle seines Ausbleibens in der Sache verhandelt und nach Lage der Akten entschieden werden würde. Vertretung durch einen Rechtsanwalt ist zulässig. Gleichzeitig mit der Ladung des Revisionsklägers ist das beteiligte Ministerium von dem Termine in Kenntnis zu setzen, mit dem

Anheimgeben, einen Vertreter zu dem Termine abzuordnen und dem Verwaltungsgerichtshofe vor Beginn des Termines namhaft zu machen.

Also für keinen Teil ein Zwang zur mündlichen Verhandlung.

8. Die mündliche Verhandlung erfolgt in öffentlicher Sitzung. Die Öffentlichkeit kann ausgeschlossen werden, wenn — — u. s. w.

9. Der Prüfung des Verwaltungsgerichtshofes unterliegen nur die vom Revisionskläger gestellten Anträge. Wird die Revision für begründet erachtet, so ist die angefochtene Entscheidung oder Verfügung aufzuheben. War die aufgehobene Entscheidung eine Rekursentscheidung, so ist die Sache zur anderweiten Entscheidung in die Rekursinstanz zurückzuverweisen, welche dabei an die in der Revisionsentscheidung niedergelegte Rechtsanschauung gebunden ist. Der Verwaltungsgerichtshof hat jedoch in der Sache selbst zu entscheiden, wenn die Aufhebung der zur Beschwerde gezogenen Entscheidung oder Verfügung nur wegen Gesetzesverletzung bei Anwendung des Gesetzes auf das festgestellte Sachverhältnis erfolgt und nach letzterem die Sache zur Entscheidung reif ist, dabei auch nicht Fragen streitig sind, deren Entscheidung in das Ermessen der Verwaltungsbehörden gestellt oder von einer Schätzung abhängig ist.

Auch hier wieder volle Wahrung aller Rechte der Verwaltungsbehörden und nur Schutz gegen unrichtige Gesetzesanwendung, Gesetzesverletzung.

10. Die Urteile des Verwaltungsgerichtshofes sind mit Gründen zu versehen und dem Revisionskläger sowie dem beteiligten Ministerium, letzterem unter Aktenrückgabe, zuzustellen. War die angefochtene Entscheidung nicht vom Ministerium erteilt, so ist demselben eine weitere für die Behörde, deren Entscheidung oder Verfügung angefochten worden war, bestimmte Urteilsausfertigung mitzuteilen.

11. Die Entscheidungen des Verwaltungsgerichtshofes sind endgültig. Die Zurückweisung der Revision hat die Verurteilung des Revisionsklägers in die Kosten zur Folge.

Es wird sich empfehlen, die Gebühren gesetzlich und nicht zu niedrig zu bestimmen.

Die vorstehend unter 1—11 aufgeführten Punkte sollen selbstverständlich nicht einen vollständigen Gesetzentwurf vorstellen, es sollte nur zu zeigen versucht werden, wie dem jetzt unleugbar vorhandenen Rechtsschutzbedürfnisse auf die einfachste und gründlichste Weise abzuhelfen wäre.

Die Vorteile des Vorschlages dürften auf der Hand liegen: die bisherige Behördenorganisation und Behördenzuständigkeit, die sich trefflich bewährt haben, bleiben schlechthin unverändert, keiner Behörde, namentlich auch nicht den städtischen Behörden, wird ein Titelchen ihrer Zuständigkeit geraubt, keine wird mehr belastet als bisher, die Arten des Verfahrens, sowohl in reinen Verwaltungssachen als auch in Verwaltungsstreitsachen, bleiben unverändert, denn sie sind vortrefflich und wo es nicht so scheint, liegt der Fehler nicht in der Rechtsordnung, sondern in ihrer Handhabung, den Verwaltungs- und Regierungsbehörden wird an keiner Stelle die Hand gebunden und die staatlichen Hoheitsrechte bleiben völlig unangetastet; dagegen wird auf der anderen Seite nach Menschenmöglichkeit Gewähr dafür geboten, daß die der behördlichen Thätigkeit durch die Gesetzgebung gezogenen Schranken und erteilten Weisungen in allen Sachen von allen Behörden ohne Unterschied auch wirklich beobachtet und genau befolgt werden und das kann allen Behörden, welche es mit der Befolgung und Durchführung der Gesetze ehrlich meinen — und andere Behörden haben wir in Sachsen nicht — nur angenehm und förderlich sein; namentlich wird den häufig so beliebten Verdächtigungen der Verwaltungsbehörden die Spitze gründlich abgebrochen, denn entweder hat derjenige, welcher sie behauptet, den Verwaltungsgerichtshof angerufen und dabei Recht bekommen: dann ist klar und deutlich dargethan, daß niemand in Sachsen „unter Polizeiwillkür zu schmachten hat;“ oder er ist abgewiesen worden: dann steht durch gerichtliches Urteil fest, daß das Unrecht auf seiner Seite ist; oder er hat den Verwaltungsgerichtshof nicht angerufen: dann wird es ihm unmöglich sein, die Behauptung zu widerlegen, daß er selbst nicht das nötige Zutrauen zur Gerechtigkeit seiner Sache gehabt habe. Wieviel unerquicklichen Kammerverhandlungen und Zeitungsschreibereien wäre damit der Lebensfaden abgeschnitten! Auch diejenigen, welche das angeborene oder anerzogene Bedürfnis haben, auch auf dem Gebiete des öffentlichen Rechts ihre Rechtsanschauungen dem Richter mündlich vorzutragen, würden Befriedigung finden, soweit das ohne Schädigung oder Gefährdung des Ganzen möglich ist.

Man könnte nun freilich gegen den obigen Vorschlag (1—11) einwenden, daß er gar zu einfach sei, daß er so garnichts Imponierendes habe, daß ein Gesetzentwurf auf dieser Grundlage von jedem Durchschnittsjuristen in kürzester Zeit ausgearbeitet und von jedem Laien ohne weiteres beim einmaligen Durchlesen verstanden werden könne. Sollte aber nicht gerade darin sein Vorzug liegen? Auf allen Gebieten strebt die Technik nach möglichster Vereinfachung, nur die Gesetzestechnik gefällt sich heutzutage in der Ausdenkung möglichst komplicierter Apparate, die daher auch fortwährend der Reparatur bedürfen und die Neigung haben, bei jedem Versuche kräftiger Handhabung zu versagen und entzwei zu gehen. Giebt es eine einfachere, unscheinbarere Maschine als den ungleicharmigen Hebel? Und doch wird kein Verständiger ihren Erfinder wegen seines stolzen Wortes zu verlachen wagen: „Gebt mir einen Stützpunkt und ich hebe die Erde aus ihren Angeln.“

Die größte Einfachheit und Zurückhaltung erscheint aber gerade jetzt doppelt und dreifach geboten: Wir gehen einer Rechtsumwälzung entgegen, welche in der ganzen Weltgeschichte nicht ihresgleichen hat und der gegenüber die Reception des römischen Rechts als ein ziemlich harmloser Vorgang erscheinen wird. Zum Verständnis des römischen Rechts gehört nur, außer einer gewissen natürlichen Begabung, die Fähigkeit Latein zu lesen und dann scharf zu denken. Damit kommen wir aber dem bald in Kraft tretenden deutschen Bürgerlichen Gesetzbuch gegenüber leider nicht aus. Das gehörige Verständnis seiner Bestimmungen setzt nicht nur ein außergewöhnliches Maß juristischer Ausbildung (mit welcher das Werk von vornherein rechnet), sondern auch ein ganz eingehendes Studium des ganzen Werkes voraus, dieses Wunderwerkes deutscher Gelehrsamkeit und deutschen Fleißes, von dem man kühnlich behaupten kann: „Nachmachen wird es uns keiner", aber freilich — „nehmen wird es uns auch keiner"; das Schicksal des corpus iuris oder des code civil wird es nicht teilen. Die Wirkungen, welche allein dieses Gesetzbuch auch auf das Gebiet der Verwaltung ausüben wird, werden zur Zeit von den Wenigsten auch nur geahnt, sie schon jetzt ihrem Umfange nach genau vorauszubestimmen, geht weit über Menschenkräfte; und dazu kommen Änderungen des Gerichtsverfassungsgesetzes, der Civilprozeßordnung, der Konkursordnung, ferner das Gesetz über die Zwangsversteigerung und Zwangsverwaltung, die Grundbuchordnung und das Gesetz über die Angelegenheiten der freiwilligen Gerichtsbarkeit, das neue Handelsgesetzbuch, eine oder mehrere (wahrscheinlich mehrere!) Novellen zur Gewerbeordnung, dazu die reichs- und landesgesetzlichen Ausführungsvorschriften mit ihrem kaum noch zählbaren Änderungen bestehender Reichs- und Landesgesetze.

Sollte diese Zeit der ungeheuerlichsten Rechtsumwälzung, welche schon jetzt an die Arbeitsfreudigkeit und Leistungsfähigkeit der zu Hütern der Rechtsordnung Berufenen, und nicht zum mindesten der juristischen Verwaltungsbeamten, kaum noch erfüllbare Anforderungen stellt, der geeignete Augenblick sein, auch noch die Rechtsschutzordnung auf dem Gebiete der sächsischen Verwaltung einer vollständigen Umgestaltung zu unterziehen? Die Reichsgesetzgebung nötigt auf diesem Gebiete nicht zu einer Änderung, denn wo immer die Reichsgesetzgebung die Austragung einer Sache im „Verwaltungsstreitverfahren" vorsieht, fügt sie stets hinzu, daß wo ein solches Verfahren (welches seinem Wesen nach Anwendung finden könnte) nicht besteht, das Rekursverfahren nach §§ 20, 21 der Gewerbeordnung oder ein anderes Verfahren Platz greifen solle. Wird der jetzt vorliegende Entwurf über die Verwaltungsrechtspflege Gesetz, so wird die an sich schon unausbleibliche Verwirrung ganz erheblich gesteigert werden, die Streitigkeiten werden sich ganz ungemein vermehren und $^{9}/_{10}$ derselben werden sich um die Frage drehen, ob eben jenes Gesetz richtig angewendet worden ist und, wenn nicht, welche

Wirkung das haben soll; daß der Entwurf einen außerordentlich günstigen Nährboden für allerlei Zweifel und Streitfragen giebt, wird kein aufmerksamer Betrachter bestreiten können.

Der Entwurf.

Noch einige Worte über den Entwurf.

Wer den vorstehenden Ausführungen bis hierher gefolgt und ihnen beizupflichten geneigt ist,[1] wird namentlich dreierlei an dem Entwurfe auszusetzen haben:

1. Er ist, statt konstruktiv zu sein, eklektisch. Das erschwert seine Behandlung ungemein; denn es nötigt den gewissenhaften Ausleger, von dem Gesetze auf die Quellen zurückzugehen, aus denen es geschöpft ist, also zur prüfenden Durchforschung fremden Rechtsstoffes und läßt dem Sachsen das ganze Gesetz fremdartig erscheinen.

2. Er bindet der Verwaltung die Hände, statt nur ihre Gesetzmäßigkeit zu gewährleisten. Er zieht in das Verwaltungsstreitverfahren Dinge hinein, die der Parteiverfügung und damit dem Parteistreite entzogen sind, und läßt durch das rechtskräftige Urteil auch die Verwaltungsbehörden gebunden sein (§ 23 verbunden mit § 63), also auch auf Gebieten, auf denen es, wie gezeigt wurde, eine Rechtskraft nicht geben kann. Er läßt die Anfechtung regelmäßig nur zu gegen zweitinstanzliche Entscheidungen, nicht aber auch gegen Entscheidungen und Verfügungen, durch welche solche (meist kollegiale) Entscheidungen geändert oder aufgehoben worden sind, und gerade das ist wichtig.

Wenn aber, wie man aus der Begründung (S. 45) herauslesen könnte, die Änderung solcher zweitinstanzlicher Entscheidungen durch eine andere Behörde als den Verwaltungsgerichtshof künftig — als „kaum haltbarer Zustand" — ausgeschlossen sein soll, so erscheint diese Maßnahme nicht nur ganz unnötig, sondern im höchsten Maße bedenklich: die verkehrtesten Maßnahmen müßten darnach geduldet werden, sobald sie nicht angefochten werden und zugleich ungesetzlich sind, denn dann kann niemand, auch der Verwaltungsgerichtshof nicht, an sie heran.

Das Streitverfahren des Entwurfes wird vielfach benutzt werden zur Erzielung rein rechtsgeschäftlicher Erfolge. Der Gedanke einer solchen Benutzung des Prozesses für Zwecke, denen zu dienen er nicht bestimmt ist, ist an sich uralt, eines der ältesten Beispiele ist die Freilassung des Sklaven in der Form des Scheinprozesses der vindicatio in libertatem. Der Entwurf ladet zu einer solchen Benutzung geradezu ein. Er will dem zwar wieder vorbeugen durch die Bestimmung, daß die Klage nur mit Einwilligung des Vorsitzenden soll zurückgenommen werden können (die Klagänderung dagegen läßt

[1] Nur dieser! Daß der Entwurf an sich eine sehr interessante und dankenswerte Arbeit ist, wird kaum jemand bestreiten wollen.

er anscheinend grundsätzlich Sache der Parteientschließung sein: § 49), weil es im öffentlichen Interesse liegen könne, eine einmal vor das Verwaltungsgericht gebrachte Frage zum Austrage zu bringen. Welche Bedeutung aber soll das Zugeständnis des Beklagten und der Vergleich haben? Kann auf diesem Wege das Streitverfahren auch ohne richterliche Zustimmung erledigt werden? Die Fassung von § 32 scheint dafür zu sprechen. Dann können aber z. B. zwei Gemeinden ihre Flurbezirke nach Belieben ändern: die Gemeinde, welche ein Stück hinzu erhalten soll, klagt auf Feststellung der Zubehörigkeit dieses Stückes, die beklagte Gemeinde räumt ein. Oder bedarf es der Zustimmung des Vorsitzenden zu diesem Zugeständnis? Oder wird das Streitverfahren fortgesetzt, obgleich niemand streitet? Oder hat das Gericht zwar in Gemäßheit des Zugeständnisses zu verurteilen, der Vorsitzende aber sofort gegen das mit seiner Zustimmung gefällte, der Prozeßlage genau entsprechende Urteil Berufung einzulegen? Dann würde dies mit zum Beweise des dritten Einwandes gegen den Entwurf dienen, nämlich

3. Der Entwurf erschwert den Rechtsschutz, statt ihn zu verstärken. Bedarf es grundsätzlich zu allen Parteierklärungen, abgesehen von der Klagerhebung, der Zustimmung des Gerichtes, so sind sie als Parteierklärungen wirkungslos und die Parteien, die sogar ganz gegen ihren Willen zu Parteien gestempelt werden können, sind nichts weiter als Holzpuppen, das Ganze aber ist von Anfang bis Ende ein nicht nur „behördlich konzessioniertes", sondern auch behördlich veranstaltetes Puppenspiel, bei dem der Amtshauptmann die Drähte zieht. Dazu bringt der Entwurf eine Masse von Schreiberei (§ 43), eben seiner „Mündlichkeit" wegen, die sich übrigens sofort nach § 52 Abs. 2 in das alte Verfahren „vom Munde aus in die Feder" verwandeln wird. Er schließt die Entscheidung des Verwaltungsgerichtshofes aus in den in § 79 aufgeführten Angelegenheiten; darunter befinden sich unter anderen auffallenderweise die Angelegenheiten des Vereins- und Versammlungsrechtes, und was zur Begründung dieser Ausnahme gesagt wird, macht sie nicht annehmbarer. Warum sollten die oberen Verwaltungsbehörden ihre auf diesem Gebiete erteilten Entscheidungen einem Verwaltungsgerichtshofe der oben vorgeschlagenen Art nicht unbedenklich vorlegen können, da ja die Beurteilung politischer Fragen der Zuständigkeit jenes Gerichtshofes entzogen ist? Die Ausnahme der Fälle, in denen der Rechtsweg beschritten werden kann, erscheint sehr bedenklich und beruht, soviel die Bezugnahme auf § 31 ² der Verfassungsurkunde anlangt, auf einem Verkennen der rechtlichen Natur der verwaltungsbehördlichen Schädenfeststellung in Enteignungssachen (vgl. Häpe, Die Zwangsenteignung, S. 26) und gerade in denjenigen Fällen, in denen sich die Befugnis

zur Beschreitung des Rechtsweges als durchaus unzulänglich erwiesen hat (§ 17³ des A-Gesetzes), würde, um eben dieser Befugnis willen, die Möglichkeit, Schutz vor dem Verwaltungsgerichtshofe (ohne „Schädenklage") zu suchen und zu finden, genommen sein.

Dazu kommen noch die Zweifel und unausbleiblichen Streitigkeiten über die Anwendbarkeit oder Nichtanwendbarkeit der einzelnen Vorschriften und über deren Bedeutung. Nur ein Beispiel: Muß der Grundstücksbesitzer, welcher die Öffentlichkeit eines auf seinem Grundstücke liegenden Weges behauptet, das in seiner Eigenschaft als „Grundstücksbesitzer", also im Verwaltungsstreitverfahren, thun oder kann er es auch als „Mensch", also im reinen Verwaltungsverfahren geltend machen und mit welchen Wirkungen? (S. 51 zu Ziff. 11 der Begründung.) Eine Durchsprechung aller Bedenken würde zu weit führen.

Alles in allem würde die Annahme des vorliegenden Entwurfes zweifellos nicht einen Fortschritt, sondern einen Rückschritt bedeuten und zwar sowohl in Ansehung der Rechtsschutzgewährung, als auch in Ansehung des für eine gesunde und kräftige Regierung unentbehrlichen freien Gebrauches der ihr rechtlich zustehenden Macht.

Zum Schluß noch die Versicherung, daß die vorstehenden Ausführungen, auch da wo sie frei und offen von Mißständen sprechen, keiner Behörde, überhaupt niemandem zu Leide geschrieben sind, aber freilich auch — abgesehen von unserem teueren vaterländischen Rechte — niemandem zu Liebe: amicus Plato, sed magis amica veritas.

Druck von Metzger & Wittig in Leipzig.